50 Recetas de Desayunos para Alegrar tu Día

Por: Kelly Johnson

Table of Contents

- Panqueques esponjosos
- Huevos revueltos con tomate
- Tostadas francesas
- Avena con frutas
- Smoothie bowl de frutas rojas
- Bagel con queso crema
- Omelette de espinacas
- Burrito de desayuno
- Yogur con granola y miel
- Muffins de plátano
- Tostadas con aguacate
- Chilaquiles verdes
- Crepas dulces
- Huevos benedictinos
- Sándwich de huevo y tocino
- Pan integral con mantequilla de maní
- Galletas de avena

- Bowl de acai
- Waffles con frutas
- Huevos al horno con verduras
- Tostadas con tomate y albahaca
- Batido de mango y yogur
- Tortilla española
- Porridge con nueces
- Pan de plátano casero
- Croissant con mermelada
- Huevos pochados sobre espinacas
- Tostadas con hummus
- Ensalada de frutas frescas
- Omelette de champiñones
- Panecillos de canela
- Bagel con salmón ahumado
- Smoothie verde detox
- Gofres integrales
- Huevos con chorizo
- Pan de centeno con queso fresco

- Muffins de arándanos
- Batido de proteínas
- Tostadas con mantequilla y miel
- Huevos rancheros
- Pan dulce con café
- Burrito vegetariano
- Crepas de avena
- Huevos al estilo mexicano
- Yogur con frutas y semillas
- Sándwich de aguacate y tomate
- Porridge con frutas secas
- Tostadas con mantequilla de almendra
- Omelette de queso y jamón
- Pan de semillas casero

Panqueques esponjosos

Ingredientes:

- 1 taza de harina de trigo
- 1 cdita de polvo de hornear
- 1 cda de azúcar
- 1 huevo
- 1 taza de leche
- 2 cdas de mantequilla derretida
- Pizca de sal

Preparación:

1. Mezcla la harina, polvo de hornear, azúcar y sal en un bol.
2. En otro recipiente bate el huevo, leche y mantequilla.
3. Combina los líquidos con los secos, mezcla suavemente sin batir demasiado.
4. Cocina en sartén antiadherente caliente por porciones, hasta que salgan burbujas y luego da la vuelta.

Huevos revueltos con tomate

Ingredientes:

- 3 huevos
- 1 tomate picado
- Sal, pimienta
- Aceite o mantequilla

Preparación:

1. Calienta un poco de aceite o mantequilla en sartén.
2. Añade el tomate y cocínalo un par de minutos.
3. Bate los huevos con sal y pimienta, vierte sobre el tomate.
4. Remueve suavemente hasta que estén cocidos a tu gusto.

Tostadas francesas

Ingredientes:

- 2 rebanadas de pan (preferiblemente un poco duro)
- 1 huevo
- 1/2 taza de leche
- 1 cdita de azúcar
- Canela en polvo (opcional)
- Mantequilla para freír

Preparación:

1. Bate el huevo con leche, azúcar y canela.
2. Remoja el pan en la mezcla unos segundos.
3. Fríe en mantequilla hasta dorar ambos lados.

Avena con frutas

Ingredientes:

- 1 taza de avena
- 2 tazas de leche o agua
- Frutas frescas (plátano, fresas, manzana, etc.)
- Miel o jarabe de agave (opcional)

Preparación:

1. Cocina la avena en leche o agua a fuego medio hasta espesar.
2. Sirve y añade frutas y un poco de miel al gusto.

Smoothie bowl de frutas rojas

Ingredientes:

- 1 taza de frutos rojos congelados
- 1 plátano
- 1/2 taza de yogur o leche vegetal
- Toppings: semillas, nueces, fruta fresca

Preparación:

1. Licúa frutos rojos, plátano y yogur hasta quedar cremoso.
2. Sirve en un bol y añade los toppings al gusto.

Bagel con queso crema

Ingredientes:

- 1 bagel
- Queso crema (natural o saborizado)
- Opcional: tomate, pepino, salmón ahumado

Preparación:

1. Tuesta el bagel.
2. Unta con queso crema y agrega toppings si deseas.

Omelette de espinacas

Ingredientes:

- 3 huevos
- 1 taza de espinacas frescas
- Sal, pimienta
- Aceite o mantequilla

Preparación:

1. Saltea espinacas con un poco de aceite.
2. Bate huevos con sal y pimienta, añade a la sartén.
3. Cocina hasta que cuaje y dobla.

Burrito de desayuno

Ingredientes:

- 1 tortilla de harina grande
- Huevos revueltos
- Frijoles refritos
- Queso rallado
- Salsa al gusto
- Aguacate (opcional)

Preparación:

1. Calienta la tortilla.
2. Coloca los huevos, frijoles, queso, salsa y aguacate en el centro.
3. Enrolla formando un burrito y sirve.

Yogur con granola y miel

Ingredientes:

- 1 taza de yogur natural o griego
- 1/2 taza de granola
- 1-2 cdas de miel

Preparación:

1. Sirve el yogur en un bol.
2. Añade la granola por encima.
3. Rocía con miel al gusto.

Muffins de plátano

Ingredientes:

- 3 plátanos maduros
- 1/3 taza de mantequilla derretida
- 1 taza de azúcar
- 1 huevo
- 1 cdita de esencia de vainilla
- 1 cdita de bicarbonato de sodio
- 1 pizca de sal
- 1 1/2 taza de harina

Preparación:

1. Precalienta el horno a 175°C (350°F).
2. Machaca los plátanos en un bol.
3. Añade mantequilla, azúcar, huevo y vainilla, mezcla bien.
4. Agrega bicarbonato, sal y harina, mezcla hasta integrar.
5. Vierte en moldes para muffins y hornea 20-25 minutos.

Tostadas con aguacate

Ingredientes:

- Rebanadas de pan (integral o a gusto)
- 1 aguacate maduro
- Sal, pimienta
- Limón (opcional)

Preparación:

1. Tuesta el pan.
2. Machaca el aguacate y sazona con sal, pimienta y un poco de limón.
3. Unta sobre las tostadas.

Chilaquiles verdes

Ingredientes:

- Totopos (chips de tortilla)
- Salsa verde (tomatillo, chile, cebolla, cilantro)
- Queso fresco
- Crema
- Cebolla picada
- Cilantro

Preparación:

1. Calienta la salsa verde.
2. Mezcla los totopos con la salsa para que se suavicen un poco.
3. Sirve con queso fresco, crema, cebolla y cilantro.

Crepas dulces

Ingredientes:

- 1 taza de harina
- 2 huevos
- 1 taza de leche
- 1 cda de azúcar
- Mantequilla para cocinar
- Relleno: Nutella, mermelada, frutas, azúcar

Preparación:

1. Mezcla harina, huevos, leche y azúcar hasta obtener una mezcla líquida.
2. Cocina en sartén con mantequilla una fina capa por cada crepa.
3. Rellena y dobla o enrolla.

Huevos benedictinos

Ingredientes:

- 2 huevos
- 2 muffins ingleses (o pan tostado)
- Jamón o tocino canadiense
- Salsa holandesa (mantequilla, yema de huevo, limón)

Preparación:

1. Pocha los huevos (cocina en agua caliente con vinagre sin que rompa la yema).
2. Tuesta los muffins y coloca jamón encima.
3. Coloca el huevo pochado y baña con salsa holandesa.

Sándwich de huevo y tocino

Ingredientes:

- 2 rebanadas de pan
- 1 huevo frito o revuelto
- 2-3 tiras de tocino frito
- Queso (opcional)
- Mantequilla o mayonesa

Preparación:

1. Tuesta el pan y unta mantequilla o mayonesa.
2. Coloca el huevo, tocino y queso.
3. Cierra el sándwich y sirve.

Pan integral con mantequilla de maní

Ingredientes:

- 1-2 rebanadas de pan integral
- Mantequilla de maní al gusto
- Opcional: rodajas de plátano o miel

Preparación:

1. Tuesta el pan si deseas.
2. Unta mantequilla de maní.
3. Agrega rodajas de plátano o miel si quieres.

Galletas de avena

Ingredientes:

- 2 tazas de avena en hojuelas
- 1/2 taza de harina integral
- 1/2 taza de azúcar morena
- 1/2 taza de mantequilla derretida
- 1 huevo
- 1 cdita de polvo de hornear
- 1 cdita de esencia de vainilla
- Opcional: pasas, nueces, chips de chocolate

Preparación:

1. Precalienta el horno a 180°C (350°F).
2. Mezcla mantequilla, azúcar y huevo hasta integrar.
3. Añade avena, harina, polvo de hornear y vainilla. Mezcla bien.
4. Incorpora opcionales si quieres.
5. Forma bolitas, colócalas en una bandeja y aplástalas un poco.
6. Hornea 10-12 minutos hasta dorar.

Bowl de açaí

Ingredientes:

- 100 g de pulpa de açaí congelada
- 1 plátano
- 1/2 taza de frutos rojos congelados
- 1/2 taza de leche vegetal o jugo de naranja
- Toppings: granola, frutas frescas, semillas, miel

Preparación:

1. Licúa la pulpa de açaí con plátano, frutos rojos y leche hasta obtener una mezcla cremosa.
2. Sirve en un bowl y decora con toppings a tu gusto.

Waffles con frutas

Ingredientes:

- 1 taza de harina
- 1 huevo
- 1 taza de leche
- 2 cdas de azúcar
- 1 cdita de polvo de hornear
- 1 cda de mantequilla derretida
- Frutas frescas para acompañar (fresas, plátano, arándanos)
- Miel o sirope para servir

Preparación:

1. Mezcla harina, azúcar y polvo de hornear.
2. Añade huevo, leche y mantequilla, mezcla hasta integrar.
3. Cocina en máquina para waffles.
4. Sirve con frutas y miel.

Huevos al horno con verduras

Ingredientes:

- 2 huevos
- Verduras picadas (pimiento, cebolla, espinaca, tomate)
- Sal y pimienta
- Queso rallado (opcional)

Preparación:

1. Precalienta el horno a 180°C (350°F).
2. En un recipiente pequeño para horno, coloca las verduras.
3. Casca los huevos encima, salpimienta.
4. Espolvorea queso si quieres.
5. Hornea 12-15 minutos hasta que los huevos estén cocidos a tu gusto.

Tostadas con tomate y albahaca

Ingredientes:

- Rebanadas de pan tostado
- Tomates maduros en rodajas
- Hojas frescas de albahaca
- Aceite de oliva
- Sal y pimienta

Preparación:

1. Coloca las rodajas de tomate sobre el pan tostado.
2. Añade hojas de albahaca.
3. Rocía con aceite de oliva y sazona con sal y pimienta.

Batido de mango y yogur

Ingredientes:

- 1 taza de mango en cubos
- 1/2 taza de yogur natural
- 1/2 taza de leche o jugo de naranja
- Miel al gusto (opcional)

Preparación:

1. Licúa todos los ingredientes hasta obtener una mezcla homogénea.
2. Sirve frío.

Tortilla española

Ingredientes:

- 3 papas medianas peladas y en rodajas finas
- 1 cebolla picada
- 4 huevos
- Aceite de oliva
- Sal

Preparación:

1. Fríe las papas y la cebolla en abundante aceite hasta que estén blandas. Escurre el exceso de aceite.
2. Bate los huevos con sal y mezcla con las papas y cebolla.
3. Cocina en sartén a fuego medio, da la vuelta para cocinar por ambos lados.

Porridge con nueces

Ingredientes:

- 1/2 taza de avena en hojuelas
- 1 taza de leche o agua
- 1 cda de miel o azúcar
- Nueces picadas
- Canela (opcional)

Preparación:

1. Cocina la avena con leche o agua hasta que espese (unos 5-7 minutos).
2. Endulza con miel.
3. Sirve con nueces y canela.

Pan de plátano casero

Ingredientes:

- 3 plátanos maduros
- 1/3 taza de mantequilla derretida
- 3/4 taza de azúcar
- 1 huevo batido
- 1 cdita de esencia de vainilla
- 1 cdita de bicarbonato de sodio
- Pizca de sal
- 1 1/2 tazas de harina

Preparación:

1. Precalienta el horno a 175°C (350°F).
2. Machaca los plátanos en un bol grande.
3. Mezcla mantequilla, azúcar, huevo y vainilla.
4. Añade los plátanos machacados.
5. Incorpora bicarbonato, sal y harina, mezcla hasta integrar.
6. Vierte en un molde para pan engrasado y hornea 60 minutos o hasta que al insertar un palillo salga limpio.

Croissant con mermelada

Ingredientes:

- Croissants (pueden ser comprados o caseros)
- Mermelada de tu sabor favorito

Preparación:

1. Calienta los croissants en horno o tostadora para que estén tibios y crujientes.
2. Corta a la mitad y unta generosamente la mermelada.

Huevos pochados sobre espinacas

Ingredientes:

- 2 huevos
- 1 taza de espinacas frescas
- 1 cda de vinagre (para pochar)
- Sal y pimienta
- Aceite de oliva

Preparación:

1. En una sartén, saltea las espinacas con un poco de aceite hasta que estén tiernas.
2. Para pochar los huevos: hierve agua con vinagre, crea un remolino y casca el huevo dentro, cocina 3-4 minutos.
3. Sirve los huevos pochados sobre las espinacas, sazona con sal y pimienta.

Tostadas con hummus

Ingredientes:

- Pan tostado
- Hummus (puede ser casero o comprado)
- Opcional: rodajas de pepino, tomate o pimiento rojo

Preparación:

1. Unta una capa generosa de hummus sobre las tostadas.
2. Decora con vegetales frescos si deseas.

Ensalada de frutas frescas

Ingredientes:

- Frutas variadas (fresas, melón, mango, kiwi, plátano, etc.)
- Jugo de limón
- Miel o azúcar al gusto (opcional)

Preparación:

1. Corta las frutas en cubos o rodajas.
2. Mezcla en un bowl con un poco de jugo de limón y miel si quieres un toque dulce extra.

Omelette de champiñones

Ingredientes:

- 3 huevos
- 1/2 taza de champiñones rebanados
- Sal y pimienta
- Aceite o mantequilla

Preparación:

1. Saltea los champiñones en un poco de aceite hasta dorar.
2. Bate los huevos con sal y pimienta.
3. Vierte los huevos en la sartén, añade los champiñones.
4. Cocina a fuego medio hasta que cuaje, dobla y sirve.

Panecillos de canela

Ingredientes:

- 2 tazas de harina
- 1/4 taza de azúcar
- 1 cda de levadura seca
- 3/4 taza de leche tibia
- 1 huevo
- 3 cdas de mantequilla derretida
- Canela al gusto
- Azúcar extra para espolvorear

Preparación:

1. Mezcla la levadura con leche tibia y un poco de azúcar, deja que active 10 min.
2. Añade harina, huevo, mantequilla y el resto del azúcar, amasa hasta suave.
3. Deja reposar 1 hora.
4. Forma panecillos, espolvorea canela y azúcar encima.
5. Hornea a 180°C (350°F) por 15-20 min hasta dorar.

Bagel con salmón ahumado

Ingredientes:

- Bagel tostado
- Queso crema
- Salmón ahumado
- Rodajas de cebolla morada
- Alcaparras y eneldo (opcional)

Preparación:

1. Unta queso crema en el bagel.
2. Coloca salmón ahumado, cebolla, alcaparras y eneldo al gusto.

Smoothie verde detox

Ingredientes:

- 1 taza de espinacas frescas
- 1 manzana verde, sin corazón
- 1/2 pepino
- Jugo de 1 limón
- 1 taza de agua o agua de coco
- Hielo al gusto

Preparación:

1. Licúa todos los ingredientes hasta obtener un batido suave.
2. Sirve frío.

Gofres integrales

Ingredientes:

- 1 taza de harina integral
- 1 taza de harina de trigo
- 2 cdas de azúcar morena
- 1 cdita de polvo de hornear
- 1/2 cdita de bicarbonato de sodio
- 1/4 cdita de sal
- 2 huevos
- 1 3/4 taza de leche (puede ser vegetal)
- 1/3 taza de aceite vegetal o mantequilla derretida
- 1 cdita de esencia de vainilla

Preparación:

1. Mezcla los ingredientes secos en un bol.
2. En otro recipiente, bate los huevos con la leche, aceite y vainilla.
3. Combina ambas mezclas hasta obtener una masa homogénea.
4. Cocina en gofrera precalentada hasta que estén dorados.

Huevos con chorizo

Ingredientes:

- 4 huevos
- 150 g de chorizo fresco o embutido, desmenuzado
- 1/2 cebolla picada
- Aceite para freír
- Sal al gusto

Preparación:

1. En una sartén, sofríe la cebolla hasta transparente.
2. Añade el chorizo y cocina hasta que esté bien cocido.
3. Bate los huevos y agrégalos a la sartén, mezcla con el chorizo.
4. Cocina a fuego medio, revolviendo hasta que los huevos estén cocidos.

Pan de centeno con queso fresco

Ingredientes:

- Pan de centeno en rebanadas
- Queso fresco (puede ser queso blanco, panela o similar)
- Opcional: rodajas de tomate o aguacate

Preparación:

1. Tuesta el pan de centeno.
2. Unta o coloca rebanadas de queso fresco.
3. Añade tomate o aguacate si deseas.

Muffins de arándanos

Ingredientes:

- 1 1/2 taza de harina
- 3/4 taza de azúcar
- 2 cditas de polvo de hornear
- 1/2 cdita de sal
- 1/3 taza de aceite vegetal
- 1 huevo
- 1/3 taza de leche
- 1 taza de arándanos frescos o congelados

Preparación:

1. Mezcla los ingredientes secos.
2. En otro bol, bate el aceite, huevo y leche.
3. Incorpora lo líquido en lo seco, mezcla solo hasta integrar.
4. Añade los arándanos con cuidado.
5. Llena moldes para muffins y hornea a 180°C (350°F) por 20-25 minutos.

Batido de proteínas

Ingredientes:

- 1 scoop de proteína en polvo (vainilla o sabor neutro)
- 1 plátano
- 1 taza de leche (puede ser vegetal)
- 1 cda de mantequilla de maní o almendra
- Hielo al gusto

Preparación:

1. Licúa todos los ingredientes hasta obtener una mezcla homogénea.
2. Sirve frío.

Tostadas con mantequilla y miel

Ingredientes:

- Rebanadas de pan a tu elección
- Mantequilla
- Miel

Preparación:

1. Tuesta el pan.
2. Unta mantequilla mientras está caliente para que se derrita un poco.
3. Añade miel al gusto.

Huevos rancheros

Ingredientes:

- 2 huevos
- 2 tortillas de maíz
- Salsa ranchera (tomate, chile, cebolla, ajo, cilantro)
- Frijoles refritos (opcional)
- Queso fresco y aguacate para acompañar

Preparación:

1. Fríe ligeramente las tortillas.
2. Cocina los huevos estrellados o a tu gusto.
3. Coloca las tortillas en el plato, añade los huevos encima, cubre con salsa ranchera.
4. Acompaña con frijoles, queso y aguacate.

Pan dulce con café

Ingredientes:

- Pan dulce al gusto (bolillo dulce, conchas, etc.)
- Café preparado

Preparación:

1. Calienta el pan dulce o consúmelo a temperatura ambiente.
2. Sirve con una taza de café caliente.

Burrito vegetariano

Ingredientes:

- Tortillas de harina grandes
- Frijoles negros cocidos
- Arroz cocido
- Verduras salteadas (pimientos, cebolla, maíz, calabacín)
- Aguacate en rodajas
- Salsa al gusto
- Queso rallado o vegano (opcional)

Preparación:

1. Calienta la tortilla.
2. Coloca frijoles, arroz y verduras en el centro.
3. Añade aguacate, salsa y queso si usas.
4. Enrolla el burrito y sirve.

Crepas de avena

Ingredientes:

- 1 taza de avena en hojuelas o avena molida (harina de avena)
- 1 huevo
- 1 taza de leche (puede ser vegetal)
- 1 cdita de esencia de vainilla
- Pizca de sal
- Aceite o mantequilla para la sartén

Preparación:

1. Licúa la avena con el huevo, leche, vainilla y sal hasta obtener una mezcla líquida y homogénea.
2. Calienta una sartén antiadherente con un poco de aceite o mantequilla.
3. Vierte un poco de mezcla y extiéndela formando una capa fina.
4. Cocina unos 2 minutos por lado hasta que esté dorada.
5. Repite con el resto de la mezcla.
6. Rellena con fruta, miel, yogur o lo que prefieras.

Huevos al estilo mexicano

Ingredientes:

- 2 huevos
- 1/4 taza de jitomate picado
- 1/4 taza de cebolla picada
- 1 chile serrano o jalapeño (opcional), picado
- Aceite
- Sal y pimienta al gusto
- Cilantro fresco para decorar

Preparación:

1. En una sartén, sofríe la cebolla y el chile hasta que estén transparentes.
2. Añade el jitomate y cocina unos minutos hasta que suelte su jugo.
3. Bate los huevos y agrégalos a la mezcla, revolviendo hasta que estén cocidos.
4. Salpimienta y decora con cilantro.

Yogur con frutas y semillas

Ingredientes:

- 1 taza de yogur natural o griego
- Frutas frescas (fresas, plátano, mango, etc.)
- Semillas (chia, linaza, girasol, calabaza)
- Opcional: miel o jarabe de agave

Preparación:

1. Sirve el yogur en un bol.
2. Añade las frutas troceadas.
3. Espolvorea las semillas por encima.
4. Endulza si deseas con miel.

Sándwich de aguacate y tomate

Ingredientes:

- 2 rebanadas de pan integral o tu preferido
- 1/2 aguacate maduro
- 2-3 rodajas de tomate
- Sal y pimienta
- Hojas de lechuga o espinaca (opcional)
- Aceite de oliva (opcional)

Preparación:

1. Tuesta ligeramente el pan.
2. Unta el aguacate en una rebanada.
3. Coloca las rodajas de tomate encima, salpimienta y añade hojas verdes.
4. Cierra con la otra rebanada y sirve.

Porridge con frutas secas

Ingredientes:

- 1/2 taza de avena en hojuelas
- 1 taza de leche o agua
- Frutas secas (pasas, dátiles, orejones, etc.)
- Canela al gusto
- Opcional: miel o azúcar morena

Preparación:

1. Cocina la avena con la leche o agua en una olla a fuego medio, removiendo constantemente.
2. Cuando la avena esté casi lista, añade las frutas secas y la canela.
3. Cocina hasta obtener una consistencia cremosa.
4. Endulza si quieres y sirve caliente.

Tostadas con mantequilla de almendra

Ingredientes:

- Rebanadas de pan integral o tu preferido
- Mantequilla de almendra (almendra molida o crema de almendra)
- Opcional: rodajas de plátano o manzana para decorar

Preparación:

1. Tuesta el pan.
2. Unta generosamente la mantequilla de almendra.
3. Agrega fruta en rodajas si deseas.

Omelette de queso y jamón

Ingredientes:

- 2-3 huevos
- 50 g de jamón picado
- 50 g de queso rallado (queso tipo manchego, cheddar o el que prefieras)
- Sal y pimienta
- Aceite o mantequilla

Preparación:

1. Bate los huevos con sal y pimienta.
2. Calienta una sartén con un poco de aceite o mantequilla.
3. Vierte los huevos y cocina a fuego medio.
4. Cuando empiece a cuajar, añade el jamón y el queso en una mitad.
5. Dobla el omelette y cocina un par de minutos más hasta que el queso se derrita.

Pan de semillas casero

Ingredientes:

- 3 tazas de harina integral
- 1 taza de semillas mixtas (girasol, calabaza, linaza, chía)
- 1 paquete de levadura seca (7 g)
- 1 1/4 taza de agua tibia
- 1 cdita de sal
- 1 cda de miel o azúcar

Preparación:

1. Mezcla la levadura con el agua tibia y la miel, deja reposar 10 minutos.
2. En un bol grande, mezcla la harina, sal y la mayoría de las semillas (reserva algunas para decorar).
3. Agrega la mezcla de levadura y mezcla hasta formar una masa.
4. Amasa unos 10 minutos hasta que esté suave y elástica.
5. Deja reposar tapada 1 hora hasta que doble su tamaño.
6. Forma un pan, espolvorea las semillas restantes encima.
7. Hornea a 180°C (350°F) por 30-40 minutos.

www.ingramcontent.com/pod-product-compliance
Lightning Source LLC
LaVergne TN
LVHW081328060526
838201LV00055B/2521